L'EGYPTE ANCIENNE

DANS LES LITHOGRAPHIES DE DAVID ROBERTS, R.A.

Textes
Fabio Bourbon

Maquette
Anna Galliani

Adaptation française
Marie Paule Duverne

his edition published in 1997
by ARK FOR PUBLISHING &
DISTRIBUTION Cairo, Egypt

First published by Edizioni
White Star.
Title of the original edition:
L'Antico Egitto nelle litografie di
David Roberts R.A.

ISBN 88-8095-260-9

Color separations
by Fotomec, Turin.

Printed in Italy
by Rotolito Lombarda,
Milan.

DAVID ROBERTS, UN ARTISTE VOUÉ À L'AVENTURE

1, à gauche, en bas
Ce portrait en noir et blanc de David Roberts apparut dans la première édition de "The Holy Land, Syria, Idumea, Egypt and Nubia".

1, à droite
Le frontispice du premier volume de "Egypt and Nubia" - publié à Londres en 1846 par Francis Graham Moon - illustre un détail de la façade du grand temple rupestre de Ramsès II à Abou Simbel.

2
David Roberts habillé à l'orientale ; on doit ce célèbre portrait à Robert Scott Launder qui le réalisa en 1840. Les vêtements, l'épée et le cinturon comptent parmi les "souvenirs" que le peintre écossais rapporta de son long voyage en Egypte et en Terre Sainte.

Fils d'un modeste cordonnier, David Roberts vit le jour le 24 octobre 1796 à Stockbridge, près d'Edimbourg. Encouragé par sa mère, le petit David démontra très tôt un talent artistique naturel ; frappé par les affiches multicolores d'un cirque, il couvrit les murs de la cuisine familiale de théories d'animaux et de personnages dessinés à la craie rouge. Son père reconnut alors le don exceptionnel de son fils, mais malheureusement, les conditions économiques de la famille ne lui permettaient pas de l'envoyer à l'école. Aujourd'hui considéré comme l'un des grands peintres paysagistes du XIX° siècle, Roberts a donc été un brillant autodidacte qui a même dû attendre ses quarante ans pour acquérir les bases théoriques de l'art qu'il voulait exercer. Très probablement, le seul à lui avoir enseigné quelques rudiments de dessin fut un certain Gavin Beugo,
un décorateur hargneux et autoritaire que le directeur de la "Trustees Academy" d'Edimbourg avait indiqué à la famille Roberts et chez lequel le jeune David fit un apprentissage de sept ans. En 1815, le jeune peintre écossais alla vivre à Perth où il obtint son premier emploi rémunéré comme décorateur professionnel ; de retour à Edimbourg dès l'année suivante, il fut embauché comme assistant décorateur de théâtre par une petite troupe mineure, le "Panthéon", avec laquelle il sillonna tout le pays. En 1819, il fut promu peintre officiel au "Théâtre Royal" de Glasgow, avant de l'être plus tard au "Théâtre Royal" d'Edimbourg.
En 1820, il épousa une comédienne écossaise, Margaret McLachlan, mais leur union ne dura pas longtemps. Roberts n'en fut pas moins un père affectueux pour son unique fille, Christine, née en 1821. Il lui manifesta toujours une profonde affection et elle le lui rendit bien, notamment quand - ayant déjà atteint un certain âge - elle classa toutes ses oeuvres et recopia ses journaux de voyage.
Au cours des derniers mois de 1821, sa notoriété croissante lui valut de se faire engager au "Drury Lane Theatre" de Londres, avec son ami et grand rival Clarkson Stanfield, destiné lui aussi à devenir un célèbre peintre paysagiste. C'est en 1824 que pour la première fois, une de ses oeuvres - une huile - fut exposée à la "British Institution" : il s'agissait d'une vue de l'abbaye de Dryburgh. Deux ans plus tard, Roberts parvient à entrer au "Covent Garden". Entre-temps, ses décors pour une mise en scène de "L'enlèvement au sérail" de Mozart avaient remporté un grand succès international. C'est à cette même époque qu'une vue de la cathédrale de Rouen fut présentée au public de la "Royal Academy" et ses oeuvres commencèrent à plaire à la critique ; même le Times lui consacra un article fort élogieux.

3, en bas
Au cours des années qui suivirent la publication de son ouvrage, Roberts connut un succès croissant auprès de la critique et du public, à telle enseigne que de nombreux particuliers lui commandèrent des tableaux à partir de ses lithographies ; parmi ceux-ci, figuraient notamment la reine Victoria, la comtesse de Warwick et plusieurs membres de l'aristocratie et de la grande bourgeoisie britanniques. Avant de prendre ses pinceaux, Roberts avait l'habitude de soumettre à l'attention de son client un croquis à l'encre de chine comme celui que nous voyons ici (le temple de Kôm Ombo), avec quelques informations techniques, les dimensions de la toile et son prix. Ces esquisses sont tout à fait intéressantes car elles nous permettent d'imaginer les études réalisées sur place par le peintre lors de ses voyages.

Mais ce n'est pas tout. Le peintre écossais travailla également à la fondation de la "Society of British Artists", dont il fut élu président en 1831. Malgré le nombre croissant de commandes passées par une clientèle privée de plus en plus étendue, Roberts trouva le temps de beaucoup voyager en Europe, et de réaliser un peu partout quantité de croquis, dessins et aquarelles dont les sujets vont réapparaître dans ses tableaux. En plus des célèbres vues de monuments français, allemands et hollandais, il illustra également sa terre natale et, profitant de ses fréquentes visites à ses parents, il fit des esquisses des plus belles ruines écossaises dont il s'est ensuite inspiré pour quelques-unes de ses toiles les plus importantes. Ces croquis ont donné lieu en particulier à une remarquable série d'eaux-fortes sur plaques de cuivre, mais malheureusement, celles-ci n'ont fait l'objet que d'une seule édition.

Encouragé par ses succès auprès du public, Roberts abandonna en 1830 son activité de peintre de décors de théâtre pour se consacrer davantage à une forme d'expression mieux rémunérée : l'étude. C'est à cette époque qu'il réalisa - entre autre - une série de dessins commandés par Sir Bulwer Lytton et intitulée "Pilgrims of the Rhine".

En 1832, David décide de visiter l'Espagne, un pays alors peu connu et qui allait se révéler une grande source d'inspiration pour son talent de créateur. Pendant son séjour de près de deux ans dans la péninsule ibérique, le peintre se rend dans presque toutes les grandes villes - Madrid, Tolède, Grenade, Malaga, Séville et Gibraltar - sans oublier quelques localités marocaines. Tout au long de ce périple, il peint inlassablement des ruines et des monuments appartenant aux époques les plus diverses, se concentrant toutefois plus particulièrement sur l'art mozarabe et le gothique local aux formes flamboyantes. En 1837, il fit publier une sélection de ces oeuvres sous le titre "Picturesque Sketches of Spain" : au bout de deux mois, il en avait déjà vendu quelque 1200 exemplaires qui auraient dû lui apporter une petite fortune s'il ne s'était fait escroquer par son éditeur. Quoi qu'il en soit, cette expérience lui valut une grande renommée internationale et lui permit de rencontrer Louis Haghe, un jeune graveur d'origine belge, extraordinairement doué malgré un handicap au bras droit. La collaboration entre les deux artistes allait être longue et féconde. Par ailleurs, grâce à ces oeuvres espagnoles, Roberts fut admis à la Royal Academy dès le début de l'année 1838.

C'est à ce moment-là qu'il décida de réaliser enfin un de ses grands rêves de jeunesse : il réunit toutes ses économies, s'informa minutieusement sur les us et coutumes et la situation socio-politique en Egypte, Palestine et Syrie, et en août 1838, il se lança dans l'expédition qui allait le rendre encore plus célèbre et lui permettre de graver son nom dans l'Histoire. Arrivé à Paris, il poursuivit son voyage dans la vallée du Rhône pour atteindre Marseille le 11 septembre ; de là, il embarqua pour Civitavecchia. Après une escale à Malte et une autre dans les Cyclades , il arriva à Alexandrie à la fin du mois. Il ne pouvait se permettre aucun retard - par manque de temps et d'argent - et il savait parfaitement que sa réussite artistique et - en définitive - son avenir en général, dépendaient du résultat de cette entreprise. Sans attendre, il partit donc pour Le Caire et Abou Simbel. Il remonta le Nil à bord d'une embarcation qu'il avait louée, s'octroyant tout juste les quelques haltes indispensables qu'il passait en général à mesurer méticuleusement les différents monuments visités. Quand, sain et sauf, il atteignit enfin la destination à laquelle il aspirait depuis si longtemps - le célèbre temple rupestre de Ramsès II, au coeur de la Nubie -, Roberts se détendit et reprit le chemin du retour plus serein, se consacrant au dessin, sans toutefois séjourner bien longtemps sur les lieux qui l'inspiraient.

Il convient de préciser que le travail documentaire de Roberts en Nubie a pris une valeur tout à fait particulière, notamment depuis le 15 janvier 1971, date de l'inauguration du Haut-Barrage d'Assouan qui obligea à démonter les temples de la région et à les remonter quelques kilomètres plus loin.

Le 21 décembre, Roberts était au Caire, avec plus d'une centaine d'oeuvres (dessins et peintures).

Il séjourna six semaines dans la capitale égyptienne et fut le premier occidental à pouvoir entrer dans une mosquée pour en représenter l'intérieur. Il se consacra énormément aux chefs-d'oeuvre de l'architecture islamique qu'il voulait illustrer avec autant de minutie que les grandes ruines de l'Egypte des Pharaons.

Au Caire, Roberts fit la connaissance de Hanafee Ismail Effendi, un jeune égyptien qui allait l'accompagner pendant tout le reste de son séjour sur les rives du Nil. Il rencontra également deux voyageurs anglais, John Pell et John Kinnear, avec lesquels il décida de partir en février 1839 pour visiter le Sinaï, puis la légendaire Pétra et la Palestine.

L'Ecossais quitta Kinnear à Gaza et se dirigea vers Jérusalem où il arriva pour Pâques : après avoir parcouru la vallée

du Jourdain et en avoir visité les localités les plus importantes, il décida d'aller au nord, en passant par la mer de Galilée et les principales villes de la côte libanaise. Malheureusement, à Baalbek, des fièvres persistantes l'empêchèrent de poursuivre son périple jusqu'à Palmyre et l'obligèrent à rebrousser chemin vers Beyrouth où il prit un bateau pour l'Angleterre le 13 mai 1839.
Une fois rentré de son voyage de onze mois, Roberts soumit son travail à l'attention de nombreux éditeurs, jusqu'à ce qu'il rencontre Francis Graham Moon qui, fort intéressé, lui proposa trois mille livres pour la publication des oeuvres et la supervision de la gravure des plaques, opération effectivement très complexe. Les 247 lithographies des six volumes publiés entre 1842 et 1849 ont été réalisées par Luis Hague - qui avait alors trente-quatre ans - sur la base des dessins et des indications du peintre écossais.
Pour la première édition, la technique adoptée était particulièrement laborieuse : chaque tirage était en bichromie et coloré ensuite à la main. Pour Roberts, la notoriété fut immédiate, mais le montant convenu avec l'éditeur était bien peu de chose par rapport au travail énorme que tout cela avait représenté et à toutes les difficultés rencontrées par le peintre pendant le long voyage. Qu'importe, c'est grâce à un dessin effectué à

Renvenu en Angleterre en Juillet 1839, David Roberts se mit à la recherche d'un éditeur, et après de longues négociations, il trouva chez Francis Graham Moon l'intérêt qui lui semblait approprié à son ambitieux projet; pour financier l'impression de cette oeuvre monumentale, ce dernier proposa une souscription à des particuliers auxquels il garantissait l'édition de luxe des lithographies, à savoir les exemplaires de grand format colorés à la main. Entre 1842 et 1849, aidé par les esquisses effectuées sur place et par sa prodigieuse mémoire, Roberts réalisa les dessins dont Louis Haghe tira les gravures publiées tous les mois. L'oeuvre complète se composait des six volumes in folio, comprenant 247 planches et six frontespices. Les trois premiers - dédiés à la reine Victoria et intitulés "The Holy Land, Syria, Idumea, Egypt and Nubia" - étaient consacrés aux sujets traités par le peintre écossais au cours de la seconde moitié de son voyage, de la péninsule sinaïque à Beyrouth. Les textes accompagnant les images étaient du révérend George Croly. Les trois autres volumes - dédiés aur roi de france Louis-Philippe - étaient intitulés "Egypt and Nubia". Les lithographies y représentaient les grands sites de l'Egypte pharaonique et les mosquées du Caire, tandis que les textes étaient de William Brockedon. La planche reproduite ici se réfère à la rencontre entre Roberts et le pacha d'Egypte, au cours de l'escale que le peintre fit à Alexandrie le 16 mai 1839, à son retour de Beyrouth. Organisée par le consul britannique, le colonel Campbell, cette entrevue non protocolaire dura une vingtaine de minutes et resta à jamais gravée dans la memoire de l'artiste. Roberts n'avait sur lui ni papier ni crayon, aussi dut-il reconstruire la scène à partir de ses souvenirs. Sur la gauche, on reconnaît le prince assis les jambes croisées devant ses plus proces collaborateurs, tandis que sur le divan à droite, se tenaient le colonel Campbell, le lieutenant Waghorn, Roberts - légèrement penché vers l'avant - et deux officiers angalis.

Baalbek qu'il fut enfin nommé membre de la Royal Academy, deux ans après son retour en Grande-Bretagne.
Au cours des vingt années qui suivirent l'expédition égyptienne, David visitera de nombreux pays européens, réalisant des tableaux et des gravures que les grandes galeries anglaises et étrangères exposèrent avec succès.
Sa clientèle compte beaucoup de personnalités influantes à l'époque, et il s'est lié d'amitié avec des gens aussi célèbres que Charles Dickens, William Turner et William Thackeray.
Au cours de sa longue carrière, il fut primé à maintes reprises et reçut de prestigieuses récompenses, notamment à l'Exposition Internationale de Paris, en 1855. Cette même année, il fut également nommé membre honoraire de l'Académie Royale d'Amsterdam.
En 1859, il se rendit en Italie, et l'année d'après, il se consacra à une série d'huiles dont le sujet était la Tamise.
Il fit ses derniers voyages en Belgique et en Hollande en compagnie de Christine et de Luis Haghe.
A cette époque-là, presque toutes ses oeuvres étaient faites sur commande ou vendues dès leur achèvement, ce qui confirme encore une fois la notoriété de Roberts et, par conséquent, sa réussite économique. A l'âge de 68 ans, il mourut d'une crise cardiaque le 25 novembre 1864 et fut enseveli au cimetière de Norwood.

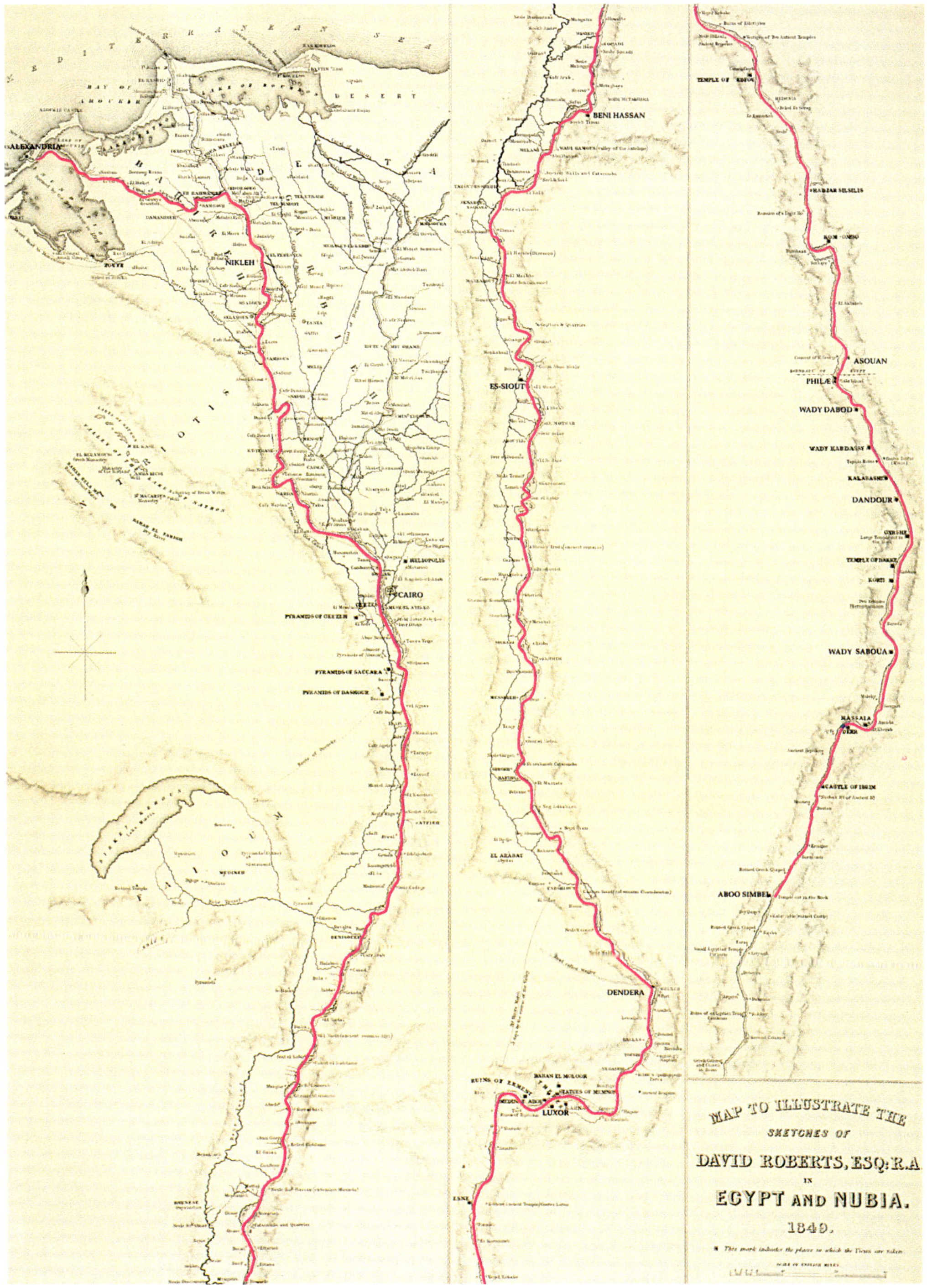

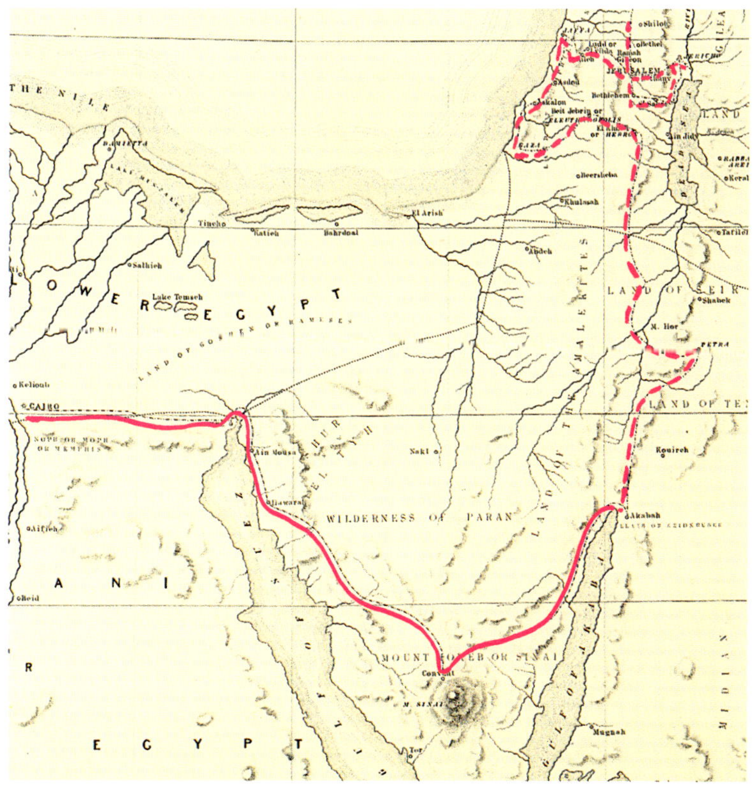

Page 5
Les lithographies reproduites dans cet ouvrage sont le résultat d'une sélection des 142 planches illustrant des localités de l'Egipte actuelle et publiées à l'origine dans les six volumes de l'édition de Francis Graham Moon.
Les deux cartes qui accompagnaient l'oeuvre originale indiquent l'itinerarie de David Roberts le long du Nil et du Caire au golfe d'Aqaba.

PLANCHE 1 - LES PYRAMIDES DE KHÉOPS ET DE KHÉPHREN

PLANCHE 2 - LE SPHINX

PLANCHE 3 - LE SPHINX, VU DE FACE

PLANCHE 4 - LE SIMOUN À GIZA

PLANCHE 5 - LE NIL PRÈS DES PYRAMIDES DE DAHCHOÛR ET DE SAQQARA

Planche 6 - La façade du Temple d'Hathor à Dendera

Planche 7 - L'intérieur du Temple de Dendera

Planche 8 - Le Temple de Dendera et ce que l'on appelle le Typhonium

Planche 9 - La grande porte d'accès à l'enceinte sacrée de Dendera

Planche 10 - Vue des Temples de Karnak du sud

PLANCHE 11 - LES RUINES DE KARNAK AU LEVER DU SOLEIL

Planche 12 - La grande cour de Karnak et la Colonne de Taharqa

Planche 13 - La colonnade de la grande salle hypostyle du Temple de Karnak

PLANCHE 14 - LA NEF CENTRALE DE LA GRANDE SALLE HYPOSTYLE DE KARNAK

PLANCHE 15 - PERSPECTIVE TRANSVERSALE DE LA GRANDE SALLE HYPOSTYLE DE KARNAK

Planche 16 - Le temple de Louxor vu du Nil

Planche 17 - La façade du grand Temple d'Amon à Louxor

Planche 18 - L'Obélisque de Ramsès II à Louxor

Planche 19 - La colonnade de la cour d'Aménophis III à Louxor

Planche 20 - La rive occidentale du Nil vue de Louxor

PLANCHE 21 - LES COLOSSES DE MEMNON VUS DU SUD-OUEST

Planche 22 - Les Colosses de Memnon à l'aube

Planche 23 - Le colosse de Ramsès II dans le Ramesseum

PLANCHE 24 - L'INTÉRIEUR DU TEMPLE DE MÉDINET HABOU

Planche 25 - La Vallée des Rois

Planche 26 - L'intérieur du Temple d'Esna

Planche 27 - Le Temple d'Edfou

PLANCHE 28 - LE PRONAOS DU TEMPLE D'EDFOU

PLANCHE 29 - LE PYLÔNE DU TEMPLE D'EDFOU DEPUIS LE PRONAOS

Planche 30 - Le Temple de Kôm Ombo

Planche 31 - Le pronaos du Temple de Kôm Ombo

PLANCHE 32 - VUE GÉNÉRALE DE L'ÎLE DE PHILAE

PLANCHE 33 - LES RUINES DU PETIT TEMPLE DE L'ÎLE DE BIGGÈH

PLANCHE 34 - LA GRANDE COLONNADE DEVANT LE TEMPLE D'ISIS À PHILAE

Planche 35 - La salle hypostyle du Temple d'Isis à Philae

Planche 36 - L'intérieur du Temple d'Isis à Philae

PLANCHE 37 - LES TEMPLES DE PHILAE VUS DU SUD

PLANCHE 38 - LE KIOSQUE DE TRAJAN À PHILAE

Planche 39 - Le petit temple de Ouadi Kartass

PLANCHE 40 - LE TEMPLE DE KALABCHÈH

PLANCHE 41 - LE PRONAOS DU TEMPLE DE KALABCHÈH

PLANCHE 42 - LE TEMPLE DE DAKKA

PLANCHE 43 - LE TEMPLE DE OUADI MEHARRAKAH

PLANCHE 44 - LE TEMPLE DE OUADI ES-SÉBOUAH

PLANCHE 45 - L'ARRIVÉE DEVANT LES TEMPLES D'ABOU SIMBEL

Planche 46 - Le Grand Temple d'Abou Simbel

PLANCHE 47 - LES COLOSSES DE RAMSÈS II À ABOU SIMBEL

PLANCHE 48 - L'INTÉRIEUR DU GRAND TEMPLE D'ABOU SIMBEL

PLANCHE 49 - LE NAOS DU GRAND TEMPLE À ABOU SIMBEL

PLANCHE 50 - VUE DU CAIRE, À L'EST

PLANCHE 51 - BAB ZOUEILA, VUE DE L'INTÉRIEUR DES REMPARTS

PLANCHE 52 - L'INTÉRIEUR DE LA MOSQUÉE DU SULTAN MOUAYED

Planche 53 - L'entrée de la Mosquée du sultan Hassan

Planche 54 - La Citadelle du Caire

Planche 55 - La Mosquée du sultan Al-Ashraf Qaïtbaï

Planche 56 - Les Tombes des Mamelouks

Planche 57 - Le Temple de Gébel Gharib

Planche 58 - Le Monastère Sainte-Catherine

PLANCHE 59 - LE MONASTÈRE SAINTE-CATHERINE ET LE MONT SINAÏ

PLANCHE 60 - LA BASILIQUE DE LA TRANSFIGURATION

Planche 61 - L'Île de Graia.

Planche 1 - page 6
Les pyramides de Khéops et de Khéphren
Notre périple idéal le long des rives du Nil commence par les pyramides de Giza que Roberts visita une première fois le 3 octobre 1838, et qu'il explora un peu mieux le 17 janvier de l'année d'après, à son retour au Caire après le long et aventureux voyage sur le fleuve qui l'avait conduit jusqu'à Abou Simbel. Cette lithographie révèle les fabuleuses proportions des deux principales pyramides qui remontent à la IV° dynastie (2584-2465 av.J.-C.) ; en particulier, celle de Khéops (à droite) qui, avec son volume de deux millions et demi de mètres cubes, est le plus grand édifice jamais construit dans l'Antiquité. A l'origine, elle mesurait 147 mètres de haut, et pendant près de quatre millénaires, a été le monument le plus élevé de la terre, jusqu'à la construction de la cathédrale gothique de Cologne.

Planche 2 - page 7
Le Sphinx
Appelé en arabe Abou el-Hol - "Père de la Terreur" - à cause de son visage menaçant, le Sphinx s'élève devant le pan oriental de la pyramide de Khéphren.
Cette énorme effigie au corps de lion est taillée dans un éperon de calcaire, utilisé à l'origine comme carrière de pierre à bâtir, mais les pattes et la queue sont réalisées dans des blocs rapportés. Avec ses 20 mètres de haut et ses 73 mètres de long, cette statue colossale représente le pharaon Khéphren, manifestation vivante de la divinité solaire qui protégeait la nécropole de Giza.

Planche 3 - page 8
Le Sphinx, vu de face
Comme le montre cette lithographie, pendant longtemps, seul le visage du Sphinx sortait du sable ; mesurant environ cinq mètres de haut, il porte encore des traces de polychromie, plus évidentes certes à l'époque de Roberts que de nos jours.

Planche 4 - page 9
Le simoun à Giza
Cette oeuvre est une sorte d'éloge au charme mystérieux de l'Egypte ancienne, et plus particulièrement du Sphinx : Roberts décrit ici une violente tempête de sable, déchaînée par le simoun, un vent chaud et sec, parfois terriblement impétueux. Toutefois, pour que la scène gagne en poésie, l'artiste écossais prend quelques libertés avec la réalité : on sait que le Sphinx est tourné vers le Levant, et pourtant, il le représente ici orienté vers l'ouest, avec le soleil qui se couche au sud !

Planche 5 - page 10
Le Nil près des pyramides de Dahchoûr et de Saqqara
Sur la lithographie, à gauche, on reconnaît la "Pyramide rhomboïdale" et la "Pyramide rouge" que l'on doit toutes deux au pharaon Snéfrou qui les fit construire à Dahchoûr vers 2570 av.J.-C. . Au loin, se dressent les pyramides situées au sud de la nécropole de Saqqara. Au premier plan, cette embarcation est une de celles qui transportaient les esclaves nubiennes et abyssines destinées aux marchés du Caire. Roberts, qui dessina l'étude de cette planche le 20 décembre 1838, répugnait à la pratique de l'esclavage et ne manquait pas d'exprimer son indignation dans ses écrits.

Planche 6 - page 11
La façade du temple d'Hathor à Dendera
Après un premier passage à Dendera le 19 octobre 1838, Roberts y retourna entre le 6 et le 8 décembre. Cette cité - dont le nom d'origine était Tentyris - fut un des centres religieux les plus importants de l'Egypte ancienne. Erigé sous les derniers des Ptolémées et achevé à l'époque romaine, ce célèbre temple consacré à la déesse Hathor présente la particularité de ne pas avoir de pylône, élément pourtant typique de l'architecture sacrée dans ce pays. La façade est constituée d'une puissante structure (42 mètres de large sur 18 de haut), ponctuée par six colonnes sur lesquelles repose une corniche massive. Jusqu'à mi-hauteur du fût, les espaces d'entrecolonnement sont décorés de tableaux recouverts de bas-reliefs et de hiéroglyphes, tandis que l'accès au temple est au centre, formant un vaste espace vide, plus large que les autres adjacents.

Planche 7 - page 12
L'intérieur du temple de Dendera
Cette lithographie représente l'intérieur de la première salle hypostyle du temple, immense avec ses vingt-cinq mètres de profondeur et ses dix-huit gros piliers recouverts de bas-reliefs. Partout on retrouve Hathor, la divinité tutélaire de ce lieu cultuel, déesse de l'amour et de la musique ; malheureusement, quand le temple fut transformé en église, les moines coptes défigurèrent toutes les effigies pour effacer le plus possible les traces de la religion païenne.

Planche 8 - page 12
Le temple de Dendera et ce que l'on appelle le Typhonium
Dans l'enceinte sacrée du temple se trouvent deux mammisis, un d'époque ptolémaïque et l'autre d'époque romaine. Ce dernier (que l'on voit au premier plan de la lithographie) fut autrefois appelé - à tort - le Typhonium, car le dieu Bès qui est représenté sur les dés placés au-dessus des chapiteaux a longtemps été pris pour le légendaire Typhon.
Les mammisis - dont le nom signifie "sanctuaire de la naissance" - sont des petits temples caractéristiques de la Basse-Epoque où, sous prétexte de vénérer la naissance des dieux, on honorait en fait la progéniture des pharaons : considérés comme des divinités vivantes, les enfants du souverain devaient nécessairement voir le jour dans l'enceinte sacrée du temple.

Planche 9 - page 13
La grande porte d'accès à l'enceinte sacrée de Dendera
Erigé par Ptolémée IX Sôtêr II, le temple de Dendera est situé au centre d'une vaste surface circonscrite par un mur de briques crues, presque complètement en ruine, de 280-300 mètres de côté ; au sud et à l'est s'ouvrent deux imposantes portes construites sous les Romains. Roberts a choisi de décrire celle qui se trouve à l'est, la mieux conservée. Comme on peut le constater, à l'époque, elle était en grande partie ensablée, tout comme le temple d'Hathor et les autres édifices qui l'entourent.

Planche 10 - page 14
Vue des temples de Karnak du sud
Roberts séjourna à Karnak du 26 au 29 novembre 1838. C'est dans cette plaine, et plus précisément au coeur d'une large anse du Nil, que se développa au deuxième millénaire av. J.-C. une des plus grandes cités du monde religieux et politique de l'Antiquité : riche et influente, Thèbes avait - à son apogée - une population de 500 000 habitants, ce qui était prodigieux pour l'époque. Cette immense métropole - plusieurs fois capitale égyptienne au Moyen et au Nouvel Empire - vénérait avec pompe le dieu Amon, associé à Mout et Khonsou dans ce que l'on appelle la "Triade thébaine". Fondé sous la XII° dynastie (1955-1750 av.J.-C.), l'énorme complexe religieux de Karnak n'est certes pas le fruit d'un plan unitaire ; pendant plus de seize siècles, les pharaons qui se sont succédés ont constamment essayé de surpasser leurs prédécesseurs en agrandissant et embellissant sans cesse les monuments, affichant ainsi leur ambition et leur puissance.

Planche 11 - page 15
Les ruines de Karnak au lever du soleil
Cette magnifique vue permet d'admirer le grand temple de Karnak dans sa globalité. De gauche à droite, on reconnaît en effet le premier pylône, la colonne de Taharqa, les vestiges du second pylône, la colonnade de la grande salle hypostyle, l'obélisque de Thoutmôsis Ier *et celui de la reine*

Hatchepsout, la salle des fêtes de Thoutmôsis III et le pylône de Nectanébo Ier. L'ensemble est conçu pour exalter la grandeur du sanctuaire qui, en effet, avec sa surface de trente hectares, constitue le plus vaste temple à colonnes du monde.

Planche 12 - page 16
La grande cour de Karnak et la colonne de Taharqa
Après avoir franchi le premier pylône, typique de l'architecture égyptienne et - constitué de deux massifs trapézoïdaux qui encadrent la porte, on découvre la grande cour, la plus étendue des cours connues de tous les temples égyptiens. Construite sous la XXII° dynastie (945-745 av.J.-C.), elle est flanquée de 18 piliers à gauche et 9 à droite, tous papyriformes fermés. Au centre, se dresse une colonne de 21 mètres de haut, seul vestige d'un kiosque voulu par le roi éthiopien Taharqa qui le fit construire vers 680 av.J.-C. .

Planche 13 - page 16
La colonnade de la grande salle hypostyle du temple de Karnak
Sur cette lithographie, on reconnaît une partie de la salle hypostyle du temple d'Amon : construite par Séthi Ier et Ramsès II, elle mérite d'être considérée comme une des merveilles du monde antique. Sur une surface totale de 5000 mètres carrés, 134 colonnes en grès sont disposées en 16 rangées : les douze qui forment la nef centrale et que l'on voit sur cette planche - mesurent 24 mètres de haut et sont surmontées de chapiteaux dont la circonférence, à la partie supérieure, dépasse 15 mètres.

Planche 14 - page 17
La nef centrale de la grande salle hypostyle de Karnak
On a dit de la grande salle hypostyle du temple de Karnak - le plus vaste espace au monde recouvert de dalles monolithes - que c'était une "forêt de colonnes". La différence de hauteur entre celles du centre et celles des nefs latérales a permis de percer entre les architraves et le plafond de nombreuses fenêtres qui laissaient entrer un flot de lumière dans la salle entourée de hauts murs ; on retrouve une de ces ouvertures sur cette lithographie, en haut et à gauche. Par ailleurs, on reconnaît à l'arrière-plan l'obélisque de Thoutmôsis Ier, le seul des quatre que le puissant souverain avait fait dresser dans la cour, entre le troisième et le quatrième pylône.

Planche 15 - page 17
Perspective transversale de la grande salle hypostyle de Karnak
A l'intérieur du temple, notamment dans la grande salle hypostyle, toutes les surfaces sont abondamment décorées de bas-reliefs et d'inscriptions relatant les rites liturgiques complexes ainsi que les rapports entre les souverains et les divinités ; malheureusement, les couleurs vives reproduitent ici par Roberts sont aujourd'hui plus pâles à certains endroits et ont même parfois complètement disparus.

Planche 16 - page 18
Le temple de Louxor vu du Nil
Le temple de Louxor était le principal satellite de l'immense site sacré de Karnak, auquel il a été relié par une allée de sphinx à têtes humaines, construite par Nectanébo Ier et mesurant trois kilomètres de long. De gauche à droite, on reconnaît ici très bien les différents éléments de l'énorme structure : le pylône de Ramsès II - derrière l'obélisque et les statues colossales du pharaon -, la première cour - partiellement occupée par la mosquée d'Abou el-Haggag -, la grande colonnade (au milieu) et la seconde cour entourée de piliers, et enfin, la salle hypostyle et le naos à proprement parler, que l'on voit encore en partie encombré par quelques misérables maisons en pisé. Roberts a été à Louxor une première fois le 23 octobre - date de l'étude préparatoire de cette lithographie - puis le 1 décembre, à son retour d'Abou Simbel, quand il réalisa d'autres dessins.

Planche 17 - page 19
La façade du grand temple d'Amon à Louxor
On doit la construction de Louxor à trois pharaons seulement : Aménophis III, Toutânkhamon et Ramsès II. Au XIV° siècle av.J.-C., le premier en confia la conception à Amenhotep, fils de Hapou, célèbre pour sa sagesse et même vénéré comme un dieu après sa mort. Celui-ci opta pour une orientation nord-sud afin d'établir un lien direct avec la demeure d'Amon à Karnak. Comme d'habitude, les deux successeurs d'Aménophis III agrandirent le monument, répétant inévitablement les mêmes éléments architecturaux. C'est Ramsès II qui fit construire le grand pylône de la façade, et il le fit décorer de scènes gravées relatant sa victoire contre les Hittites au cours de la bataille de Qadesh.

Planche 18 - page 20
L'obélisque de Ramsès II à Louxor
Devant le pylône du temple, Ramsès II fit élever deux obélisques recouverts d'inscriptions propitiatoires et de scènes d'offrandes à Amon. Ces deux monolithes ont été donnés à la France au siècle dernier par le pacha d'Egypte Méhémet-Ali. Celui qui était situé à l'ouest (plus de 22 mètres de haut et 220 tonnes) a été transporté à Paris où un ingénieur - Jean-Baptiste Lebas - le fit dresser sur la Place de la Concorde le 25 octobre 1836. Celui qui était au nord est resté sur place, la République Française ayant renoncé à ses droits en 1980.

Planche 19 - page 20
La colonnade de la cour d'Aménophis III à Louxor
Cette lithographie représente une partie de la cour d'Aménophis III, un vaste espace - 51 mètres de large sur 45 de long - entouré sur trois côtés d'un portique de deux rangs de colonnes fasciculées à chapiteaux fermés. Le temple de Louxor - dont le nom d'origine était Ipet-Resyt, c'est à dire "Harem méridional d'Amon" - était la demeure terrestre de la déesse Mout. Tous les ans, le simulacre d'Amon était transporté de Karnak à Louxor pour célébrer l'union mystique et charnelle qui devait féconder le monde et faire de l'Egypte un pays fertile pour l'année suivante.

Planche 20 - page 21
La rive occidentale du Nil vue de Louxor
Pour dessiner ce paysage, Roberts a dû grimper sur une des architraves du péristyle de la cour de Ramsès II d'où il voyait toute la plaine verdoyante qui occupe la rive occidentale du fleuve, là même où les pharaons du Nouvel Empire ont fait construire leurs propres temples funéraires. De gauche à droite, on reconnaît celui de Ramsès III à Médinet Habou, les Colosses solitaires de Memnon, le Ramesseum et le temple de Séthi Ier. Derrière ce dernier, s'ouvre la Vallée des Rois qui, jusqu'à présent, nous a livré quelque 62 sépultures royales oubliées pendant des dizaines de siècles.

Planche 21 - page 22
Les Colosses de Memnon vus du sud-ouest
Roberts a consacré toute une journée aux Colosses de Memnon qu'il dessina sous plusieurs angles. Ces immenses statues jumelles, mesurant un peu plus de 20 mètres de haut, sont les seuls vestiges du temple funéraire d'Aménophis III, le plus grand de la partie occidentale de Thèbes. Situé très à l'est de la plaine alluviale du Nil, le monument était construit essentiellement en briques crues et il a probablement été détruit par l'inondation annuelle due au fleuve. Une fois en ruine, il a été réemployé comme pierre à bâtir. En revanche, réalisées en grès très dur, les deux statues qui représentent Aménophis III divinisé ont pu résister à l'érosion et parvenir jusqu'à nous.

Planche 22 - page 23
Les Colosses de Memnon à l'aube
Baptisées les "Colosses de Memnon" par des voyageurs grecs ayant mal interprété le nom

égyptien, ces deux immenses statues ont été endommagées par le séisme de l'an 27 av.J.-C. ; par la suite, le colosse situé au nord a commencé à émettre une sorte de plainte caractéristique quand la pierre s'échauffait aux rayons du soleil levant. Cela accrût la popularité des statues qui firent l'objet d'une légende inventée à l'époque ptolémaïque : on y vit la présence du héros homérique Memnon, tué par Achille sous le mur de Troie, et dont le simulacre aurait émis tous les matins cette douce plainte alors que sa mère Aurore se répandait en caresses bienfaisantes. Malheureusement, ce phénomène cessa quand Septime Sévère fit restaurer la partie supérieure du colosse.

Planche 23 - page 24
Le colosse de Ramsès II dans le Ramesseum

Dans la plaine de Thèbes s'élèvent encore les vestiges de ce que l'on appelle le Ramesseum, l'immense temple que fit construire Ramsès II. Parmi les ruines, on peut admirer la grande statue qui représente le pharaon assis sur son trône et coiffé de la double couronne, symbole de la Haute et Basse-Egypte. Placée devant le second pylône et sculptée dans un bloc de granite rose de plus de mille tonnes, l'effigie mesurait à l'origine un peu moins de 18 mètres de haut. Elle inspira à Shelley son célèbre sonnet sur Osymandias, un nom dérivé de la traduction grecque du prénom de Ramsès II, Ouser-Maât-Rê, c'est à dire "Puissante est la vérité de Rê". A gauche de l'énorme buste se dressent quatre piliers osiriaques et deux colonnes, derniers vestiges du péristyle de la seconde cour du temple. A l'arrière-plan, on aperçoit ceux du premier pylône.

Planche 24 - page 25
L'intérieur du temple de Médinet Habou

A Médinet Habou, non loin du Ramesseum, s'élèvent les belles ruines du temple funéraire de Ramsès III. Considéré comme une des oeuvres les plus parfaites que l'architecture égyptienne nous ait laissées, ce temple a été transformé en église après que l'empereur Théodose a imposé - en 380 - le Christianisme comme unique religion autorisée dans tout l'empire romain.
A Médinet Habou, un grand village-monastère copte s'est même développé à partir du sanctuaire. Les nefs de la basilique construite à l'intérieur de la seconde cour du temple étaient soutenues par des colonnes de porphyre surmontées de chapiteaux corinthiens que Roberts a illustrées avant qu'elles ne soient enlevées au cours d'une campagne ultérieure de fouilles.
Les études préparatoires de cette planche et de la précédente portent la date du 5 décembre 1838.

Planche 25 - page 26
La Vallée des Rois

Entourée de hautes parois rocheuses et ponctuée par le mouvement ondulé du terrain, la Vallée des Rois s'étend sinueuse au pied du Mont el-Qourn, encore appelé la Cime Thébaine, dont la forme évoque celle d'une pyramide. C'est ici que se trouvent les tombes des XVIII°, XIX° et XX° dynasties, creusées à même la roche calcaire. Hélas, dès l'époque pharaonique, les magnifiques hypogées ont été violés et les pillards se sont emparés des riches mobiliers funéraires qu'ils renfermaient ; la seule tombe qui nous soit parvenue intacte est celle de Toutânkhamon, ramenée au jour avec son fabuleux trésor par Howard Carter et Lord Carnavon en 1922. Roberts visita la Vallée des Rois le 22 octobre et y fit des dessins le 3 décembre.

Planche 26 - page 27
L'intérieur du temple d'Esna

Nous devons le temple - tel que nous le connaissons aujourd'hui - à Ptolémée VI Philomêtôr qui le fit construire en 181 av.J.-C. . L'édifice se composait d'un pronaos - ou salle hypostyle -, de deux vestibules, du sanctuaire et de deux antichambres reliées par des couloirs. Achevée au cours de la seconde moitié du I° siècle av.J.-C., sous les règnes de Tibère, Claude et Vespasien, la salle hypostyle est la seule structure encore intacte. Ce qui caractérise ce temple consacré à Khnoum - dieu créateur des êtres vivants -, ce sont les inombrables bas-reliefs dont il est entièrement recouvert. Roberts le visita le 25 octobre 1838.

Planche 27 - page 28
Le temple d'Edfou

Avec ses proportions gigantesques (137 mètres de long, 79 de large et 26 de haut au sommet de la porte), le temple d'Edfou est le plus grand édifice religieux égyptien après le temple d'Amon à Karnak. C'est aussi celui qui a été le moins endommagé. Commencé en 237 av.J.-C. par Ptolémée III Evergète, il fut achevé cent quatre-vingts ans plus tard par Ptolémée XIII. Roberts visita le site une première fois le 26 octobre 1838 et y séjourna de nouveau le 22 et 23 novembre ; ici , le peintre écossais exalte la monumentalité du pylône qui, bien qu'ayant perdu la puissante modénature qui le couronnait autrefois, mesure encore 37 mètres et demi de haut.

Planche 28 - page 29
Le pronaos du temple d'Edfou

Peut-être l'élément le plus spectaculaire de tout le temple, le pronaos donne avec ses six colonnes sur la grande cour. On remarque immédiatement cette prédilection du goût ptolémaïque pour les chapiteaux aux formes compliquées : les deux qui se trouvent tout près de la porte sont en forme de fleur de lotus, ceux du milieu sont ornés de feuilles de palmiers et ceux situés vers l'extérieur s'inspirent du feuillage d'une espèce particulière de palmier typique de la région, le Hyphaen thebaica. A l'intérieur, douze autres colonnes distribuées en deux rangées soutiennent le plafond : ici aussi, les chapiteaux présentent les formes les plus disparates.

Planche 29 - page 30
Le pylône du temple d'Edfou depuis le pronaos

Une magnifique vue qui permet d'admirer la grande cour - entourée d'un portique de colonnes aux chapiteaux en forme de fleurs - et la façade interne du pylône. Les grands bas-reliefs dont sont tapissées les parois montrent Ptolémée XIII Neos Dyonisos en train de faire des offrandes aux divinités locales : Horus, Hathor et Ihy, leur fils. Sur le portail, on reconnaît le disque solaire ailé - symbole de la divinité tutélaire du temple - qui reparaît également sur l'architrave du pronaos.

Planche 30 - page 31
Le temple de Kôm Ombo

David Roberts arriva à Kôm Ombo le 21 novembre 1838 ; sur une colline qui domine le Nil, se dressent encore les imposantes ruines d'un temple dont la construction remonte à l'an 204 av.J.-C. . Entrepris par Ptolémée V, les travaux se poursuivirent pendant plus de quatre-vingt dix ans, mais pour voir les structures de maçonnerie achevées, il a fallu attendre le règne de Ptolémée XIII Neos Dyonisos, un siècle et demi après l'ouverture du chantier. Par ailleurs, c'est l'empereur romain Tibère qui termina la cour et sa colonnade, tandis que vers la fin du I° siècle de notre ère, Domitien décida d'y ajouter quelques éléments et de l'embellir.

Planche 31 - page 32
Le pronaos du temple de Kôm Ombo

Kôm Ombo est le seul temple égyptien doté d'une double structure. Les lieux cultuels étant presque toujours consacrés à plusieurs dieux, généralement, le simulacre de la divinité principale était placé dans le naos central et ceux des divinités secondaires se trouvaient dans des chapelles latérales. Ici, à Kôm Ombo, l'édifice est vraiment coupé en deux parties bien distinctes, séparées idéalement par une ligne longitudinale : à droite on vénérait Sobek - associé à Hathor et Khonsou dans la triade -, et à gauche Haroéris, accompagné par Senetnofrèt et Panebtaouy. Le temple se composait donc de deux secteurs identiques et accolés, mais indépendants l'un de l'autre pour des raisons rituelles.

Planche 32 - page 33
Vue générale de l'île de Philae
Du haut de l'île voisine de Biggèh, on découvre comme ici tout le complexe monumental de Philae. A l'extrême droite, on reconnaît le pavillon de Nectanébo avec l'obélisque tout proche (IV° siècle av.J.-C.) ; devant, se déploient les deux ailes du portique voulu par Auguste. Attenant au premier pylône, le portail de Ptolémée II est ce qu'il reste du tout premier édifice.
A l'arrière-plan se dresse le grand kiosque de Trajan. Entre les deux pylônes s'étend une vaste cour dont le côté donnant sur le fleuve est fermé par un mammisi d'où l'on voit la façade postérieure. Devant cette dernière, face au Nil, la grande porte de Hadrien. Derrière le second pylône, se trouve le temple proprement dit, avec son atrium et le naos entouré de quelques chambres secondaires. Roberts est allé à Philae à deux reprises, le 30 octobre et le 1 novembre, puis du 17 au 19 novembre.

Planche 33 - page 34
Les ruines du petit temple de l'île de Biggèh
Pendant l'Antiquité, aucun homme - sauf les prêtres de Philae - n'avait le droit de fouler le sol de Biggèh, l'île consacrée à Hathor et à Oups, la déesse du feu ; en effet, c'était ici que l'on honorait le célèbre Abaton, le tombeau d'Osiris, entouré de 365 petits autels et situé au coeur d'un bosquet sacré. Dès la XVIII° dynastie, un sanctuaire avait été érigé sur Biggèh, mais il fut reconstruit vers l'an 245 av.J.-C. par Ptolémée III Evergète. Plus tard, Ptolémée XIII le fit agrandir, ajoutant un portail, puis un arc qui donnait sur un escalier qui conduisait à son tour vers le quai du Nil.

Planche 34 - page 35
La grande colonnade devant le temple d'Isis à Philae
Fille du dieu solaire Rê, épouse et soeur d'Osiris, déesse-mère créatrice et protectrice des morts, Isis occupait une position importante dans le panthéon égyptien car elle connaissait de puissants sortilèges. A l'époque ptolémaïque et romaine, son culte se propagea considérablement et son sanctuaire de Philae, un peu en amont de la Première Cataracte du Nil, connut une période de grande splendeur : mutilés et malades de tout le pays et des diverses provinces de l'Empire s'y rendaient pour obtenir les faveurs de la déesse. C'est de cette époque que date la plupart des structures du complexe, y compris les deux colonnades qui précèdent le premier pylône du temple : celle de gauche, qui s'étend sur une centaine de mètres, est recouverte de nombreux bas-reliefs représentant Auguste, Néron et Tibère.

Planche 35 - page 36
La salle hypostyle du temple d'Isis à Philae
Dans la salle hypostyle, toutes les surfaces sont littéralement tapissées de bas-reliefs, autrefois vivement colorés. Partout on voit les pharaons et les divinités répéter leurs gestes hiératiques, tandis que les immenses colonnes semblent s'épanouir en une débauche de formes et de couleurs, surmontées de chapiteaux qui supportent avec désinvolture de puissantes poutres sur lesquelles voguent les barques sacrées. Sur les plafonds étoilés figurent de longues théories de vautours aux ailes déployées. Mais ici, on aperçoit également quelques crois coptes sur le fût des piliers ainsi que les vestiges d'un autel, témoignages de la transformation du temple en église chrétienne (IV°siècle).

Planche 36 - page 36
L'intérieur du temple d'Isis à Philae
Sur cette lithographie, on reconnaît la salle hypostyle du temple d'Isis, derrière le second pylône qui, du reste, est plus petit que le premier. Cet espace - dont le plafond est supporté par huit colonnes - est précédé d'une cour dont les côtés les moins longs sont bordés de deux portiques, soutenus chacun par une colonne centrale, qui forment comme une espèce de prolongement de la salle hypostyle. Suivent quelques vestibules et le naos, entouré par les chambres secondaires. Malheureusement, le monument ayant été trop longtemps immergé dans les eaux du lac artificiel, les couleurs raffinées reproduites ici par l'artiste ont pratiquement disparues.

Planche 37 - page 37
Les temples de Philae vus du sud
Les lithographies de David Roberts nous montrent l'île de Philae et ses monuments tels qu'ils ont été jusqu'à la fin du siècle dernier, quand la première digue d'Assouan a été construite. Déjà à demi immergés dans les eaux du lac artificiel, les temples ont vraiment risqué d'être détruits par le Haut-Barrage voulu par le président Nasser au début des années soixante. Heureusement, l'UNESCO a lancé une campagne de sauvegarde des monuments nubiens et le sanctuaire a été démonté en 37 363 blocs, puis entièrement remonté à Agilkia, l'île voisine qui est un peu plus haute de quelques mètres. Menés par une entreprise italienne, les travaux ont commencé en 1972 et se sont achevés le 10 mars 1980.

Planche 38 - page 38
Le kiosque de Trajan à Philae
Dépourvu de toit et donc qualifié de "temple hypèthre" par Roberts, ce magnifique édifice a été construit par Trajan en 105 av.J.-C. comme reposoir de la barque d'Isis dans laquelle on transportait le simulacre de la déesse à l'occasion des processions rituelles aux temples du sud de la Nubie. Fort élégant, ce pavillon comporte 14 piliers unis à la base par des murs d'entrecolonnement, pour la plupart nus. Tous différents, les chapiteaux sont campaniformes ; les dés insolites qui les surmontent auraient dû porter des effigies de la déesse Hathor. Bien qu'inachevé, ce kiosque est d'une beauté telle qu'il est devenu le symbole de Philae et demeure le meilleur exemple du goût et du talent des architectes égyptiens de l'époque romaine.

Planche 39 - page 39
Le petit temple de Ouadi Kartassi
Le 16 novembre, le peintre écossais visita ce joli petit temple qui s'élevait sur une colline dominant le Nil en Basse-Nubie. Démonté au cours de la campagne de l'UNESCO, le kiosque de Kartassi a été reconstruit près du temple de Kalabchèh, à environ une quarantaine de kilomètres de son site d'origine. Consacré à Isis, ce petit sanctuaire carré de huit mètres de côté a été fondé à la fin de l'époque ptolémaïque et achevé sous les Romains. Sur ses dix piliers d'origine reliés à la base par des murs d'entrecolonnement, il ne lui en reste plus que six surmontés encore de chapiteaux : deux avec le visage de Hathor - de chaque côté du portail - et les autres palmiformes.

Planche 40 - page 40
Le temple de Kalabchèh
Roberts a passé quelques heures à Kalabchèh le 3 novembre, puis il y est resté un peu plus le 15 du même mois, sur le chemin du retour vers le Caire. Cette localité possédait un temple considéré comme le monument nubien le plus grandiose, après Abou Simbel. Menacé lui aussi par le lac Nasser, il fut démonté et reconstruit - entre 1961 et 1963 - à une quarantaine de kilomètres au sud, à la hauteur de l'extrémité occidentale du Haut-Barrage. Construit à l'époque ptolémaïque, sur l'emplacement d'un ancien édifice, le temple consacré à Mandoulis - une divinité locale - mesure 74 mètres de long.

Planche 41 - page 41
Le pronaos du temple de Kalabchèh
Au-delà du pylône s'ouvre une cour entourée sur trois côtés d'un portique dont les colonnes étaient déjà en partie détruites ou ensablées au temps de Roberts. Le mur du fond est en fait la façade du pronaos, au milieu de laquelle campe un portail imposant. Selon les principes de l'art égyptien de l'époque ptolémaïque et romaine, les colonnes sont reliées à mi-hauteur par des

panneaux recouverts de bas-reliefs où l'on reconnaît, entre autre, les dieux Thoth et Horus en train de faire des libations et de verser de l'eau lustrale sur le souverain. A l'intérieur du pronaos, douze colonnes soutenaient le plafond, aujourd'hui en grande partie écroulé.

Planche 42 - page 42
Le temple de Dakka
Ce petit sanctuaire que Roberts a pu visiter le 14 novembre 1838 était consacré au dieu Thoth de Pnoubs, une petite ville éthiopienne. Contrairement à tous les autres temples nubiens, celui-ci est orienté nord-sud. Fondé à la fin du III° siècle av.J.-C., il a été voulu par le roi éthiopien Arkamoun et son contemporain le pharaon macédonien Ptolémée IV Philopatôr. Par la suite, Ptolémée VII Evergète II ajouta le pronaos, mais ce n'est que sous la domination romaine, et avec la construction du grand pylône, qu'il prit son aspect définitif. Comme les autres monuments nubiens, le temple de Dakka a dû être démonté pour la réalisation du Haut-Barrage d'Assouan, puis remonté dans la localité de Nouvelle Sébouah.

Planche 43 - page 43
Le temple de Ouadi Meharrakah
Après l'avoir d'abord vu très rapidement au début de novembre 1838, Roberts revint visiter ce temple le 14 du même mois. L'édifice - dont seule la salle hypostyle illustrée par l'artiste écossais est parvenue jusqu'à nous - s'élevait dans l'ancienne Hiérasykaminos, la "Cité du sycomore sacré" qui, de l'an 23 av.J.-C. à l'an 297 de notre ère, s'est trouvée à l'extrémité méridionale de tout l'Empire Romain. L'escalier en spirale menant à la terrasse est unique dans toute l'architecture égyptienne et ne s'explique que parce que le monument a très probablement été projeté par un architecte romain. Démonté dans la cadre de la campagne de l'UNESCO en faveur des monument nubiens, le temple de Ouadi Meharrakah a été reconstruit lui aussi dans la localité de Nouvelle Sébouah.

Planche 44 - page 44
Le temple de Ouadi es-Sébouah
Arrivé ici le 6 novembre 1838, Roberts a été très frappé par ce temple situé près du Nil. Construit par Ramsès II, il était consacré à Amon et Rê-Harmakhis - divinités suprêmes de l'Egypte ramesside - ainsi qu'au souverain divinisé. Ce monument a subi le même sort que les autres temples nubiens sauvés par l'UNESCO : démonté en gros blocs numérotés, il a ensuite été remonté à environ quatre kilomètres du site d'origine, dans la Nouvelle Sébouah, au bord du lac Nasser.

Planche 45 - page 45
L'arrivée devant les temples d'Abou Simbel
Après avoir remonté le Nil en trente-trois jours, Roberts aperçoit enfin les temples rupestres d'Abou Simbel à l'aube du 9 novembre 1838. Ce site extraordinaire avait été découvert vingt-cinq ans plus tôt, en mars 1813, par l'explorateur suisse Johann Ludwig Burckhardt. A l'époque du séjour du peintre, le vallon qui séparait le temple de Ramsès II de celui consacré à la déesse Hathor et à l'épouse du souverain, la reine Néfertari, était encore en partie comblé et le sable arrivait jusqu'au fleuve ; toutefois, les monuments étaient bien visibles.

Planche 46 - page 46
Le grand temple d'Abou Simbel
Construit entre 1290 et 1260 av.J.-C., le grand temple d'Abou Simbel possédait des proportions gigantesques. Large de 38 mètres et haute de 33, la façade correspond à celle d'un immeuble moderne de neuf étages. Les quatre statues de plus de 20 mètres de haut reproduisent avec finesse les traits somatiques du souverain coiffé de la double couronne de la Haute et Basse-Egypte et protégé au front par le cobra - l'uraeus -, attribut d'Osiris. Le troisième colosse à partir de la gauche a été réparé sous Séthi Ier (env. 1200 av.J.-C.) tandis que le buste du second - peut-être endommagé pendant le séisme qui frappa la région au cours de la trente-quatrième année du règne de Ramsès II - gît au sol.

Planche 47 - page 47
Les colosses de Ramsès II à Abou Simbel
Quand les travaux du Haut-Barrage sur le Nil commencèrent le 9 janvier 1960, il apparut tout à fait évident que les eaux du lac artificiel allaient engloutir définitivement les temples d'Abou Simbel. L'UNESCO entreprit alors une vaste campagne de sauvegarde des monuments nubiens et réunit les fonds considérables nécessaires à l'opération. Sur une proposition du sculpteur égyptien Ahmad Osman, on décida de découper les temples en blocs et de les remonter ensuite sur une immense armature de béton et de pierre construite plus haut que le site d'origine mais orientée de la même façon. Le grand temple d'Abou Simbel a donc été réduit en 807 blocs de 20 tonnes chacun. Entrepris au printemps 1964 par une joint venture internationale, les travaux se sont conclus quatre ans plus tard.

Planche 48 - page 48
L'intérieur du Grand Temple d'Abou Simbel
Dans le pronaos hypogé - une vaste salle rectangulaire de 18 mètres sur 16 -, huit piliers de 10 mètres de haut et distribués sur deux rangées soutiennent le plafond ; à ces colonnes sont adossées autant de statues représentant Osiris sous les traits du souverain Ramsès II. Celles de gauche sont coiffées de la couronne blanche de la Haute-Egypte, celles de droite portent au contraire le pschent, c'est à dire la double couronne. Les mains croisées sur la poitrine serrent l' "héka" - le sceptre - et le "nekhakha" - le fléau -, symboles du pouvoir et de la puissance royale.

Planche 49 - page 49
Le naos du Grand Temple à Abou Simbel
Le lieu le plus écarté et le plus secret de tout le temple - le naos (sanctuaire) - - se trouve à 65 mètres de l'entrée, au coeur de la montagne. Cette petite pièce - 4 mètres sur 7 - abrite les statues d'Amon-Rê, Harmakhis, Ptah et Ramsès II lui-même. Deux fois par an, aux solstices, à 5h58, un rayon de soleil pénètre dans le couloir qui sépare l'entrée du naos et vient baigner de lumière l'épaule gauche d'Amon-Rê; quelques instants plus tard, après avoir touché la statue du souverain, il se concentre sur Harmakhis. Le "miracle du soleil" ne dure que vingt minutes. Le 21 février et le 21 octobre, les premiers rayons se trouvent exactement dans l'axe du temple : la seconde date correspond au jour du premier jubilé (trente ans de règne) de Ramsès II, assimilé ici à une divinité solaire.

Planche 50 - page 50
Vue du Caire, à l'est
Une fois arrivé à Abou Simbel, David Roberts était satisfait et décida de ne pas aller plus loin ; le 11 novembre, il prit le chemin du retour et rentra à la capitale le 21 décembre, après un voyage de 850 kilomètres sur le Nil. Toutefois, fasciné par l'architecture islamique, l'artiste séjourna plus d'un mois au Caire où il fit de nombreux croquis et esquisses. Cette lithographie et les six suivantes ne sont évidemment qu'une sélection de sa production réalisée à partir des études faites à cette occasion. Ici, on découvre la partie orientale de la capitale égyptienne, là où s'étend aujourd'hui le quartier populaire d'el-Saiyda Zeinab : à gauche se dresse la masse imposante de la mosquée du sultan Hassan, à droite on aperçoit la Citadelle et, au premier plan, la porte de Citzenib.

Planche 51 - page 51
Bab Zoueila, vue de l'intérieur des remparts
Bab Zoueila est une des trois grandes portes monumentales de la ville percées dans les anciens remparts du Caire construits sous les Fatimids. La structure imposante - formée de deux tours en demi-cercle qui encadrent la

porte à un seul vantail - a été achevée vers 1091. Sur ces deux masses puissantes se dressent les élégants minarets de la mosquée el-Mouayed, une des plus somptueuses de l'époque des Mamelouks circassiens. Encore appelée la mosquée el-Ahmar - "la rouge" -, elle a été commencée en 1416 par le sultan el-Mouayed et terminée en 1421, un an après la mort de ce dernier.

Planche 52 - page 51
L'intérieur de la mosquée du sultan el-Mouayed
Construite par le sultan Mouayed juste derrière Bab Zoueila, cette mosquée est un vaste espace hypostyle, subdidivisé en trois nefs soutenues par des colonnes aux chapiteaux corinthiens de facture pré-islamique, très certainement réemployés. Avec ses plafonds en bois peint et doré, ses élégantes fenêtres aux châssis de stuc, sa chaire en bois et en ivoire finement décorée, et sa "dikka" - la tribune de l'imam que l'on voit au centre de la lithographie - soutenue par de délicates colonnettes de marbre, cette mosquée est une des plus belles du Caire.

Planche 53 - page 52
L'entrée de la mosquée du sultan Hassan
Ce monument est considéré comme un des chefs-d'oeuvre de l'art islamique : le sultan Hassan en-Nasir la fit construire entre 1356 et 1363, après en avoir peut-être confié la conception à un architecte syrien. Les façades - ponctuées de niches profondes dans lesquelles s'ouvrent deux ordres de fenêtres - sont couronnées par une corniche en saillie, dotée de stalactites - les "muqarnas" - et qui a été complété un crénelage ajouté au début du siècle. Le tombeau du sultan qui - tel un dé - jaillit de l'édifice, est surmonté d'une coupole de 60 mètres de haut reconstruite au XVIII° siècle dans un style d'influence turque. Avec ses 81,5 mètres, le minaret principal demeure le plus haut du Caire.

Planche 54 - page 52
La Citadelle du Caire
Dominant la ville des pentes rocheuses du Moqattam, la Citadelle a été érigée par Saladin en 1176 ; le matériau utilisé provient peut-être du revêtement des pyramides mineures de Giza. Au cours des siècles, la forteresse a été agrandie à plusieurs reprises. A l'intérieur de la puissante enceinte, le pacha Méhémet Ali se fit construire une somptueuse demeure, aujourd'hui transformée en musée, et en 1824, il fit également entreprendre la réalisation d'une grande mosquée de style ottoman que Roberts vit bien avant qu'elle ne fût achevée, puisque les travaux se sont conclus en 1857, sous le règne de Said, le fils de ce pacha.

Planche 55 - page 53
La mosquée du sultan al-Ashraf Qaïtbaï
Construite entre 1472 et 1474 dans la nécropole appelée "les Tombes des Califes", la mosquée d'Al-Ashraf Qaïtbaï est considérée comme un des chefs-d'oeuvre de l'architecture des Mamelouks en raison de ses proportions parfaitement équilibrées et de sa très riche décoration, notamment, la fine et précieuse résille qui - telle une dentelle - recouvre la coupole, et l'élégante silhouette du minaret de 40 mètres de haut.

Planche 56 - page 53
Les tombes des Mamelouks
Contrairement aux pharaons qui avaient l'habitude de faire construire leurs nécropoles sur la rive occidentale du Nil, les sultans Mamelouks firent installer les leurs à l'est de la ville, non loin de la Citadelle. Les mosquées funéraires et les édifices annexes accueillaient la sépulture des souverains et celle des princesses et des dignitaires de la cour ayant vécu pendant la grande époque des Mamelouks baharites et circassiens, entre le XIII° et le XV° siècle. Au fil du temps, s'est ajouté progressivement un grand nombre de tombeaux plus modestes. L'habitude était d'honorer les morts le vendredi, aussi les familles les plus riches ont-elles commencé à doter leurs tombes de cours fermées et de salles couvertes pour accueillir les visiteurs, et petit à petit, les cimetières ont pris l'aspect de véritables villes. De nos jours, les vastes nécropoles situées en dehors de l'enceinte des Fatimites sont habitées par environ 600 000 personnes.

Planche 57 - page 54
Le temple de Gébel Gharib
Pendant son séjour au Caire, Roberts décida de poursuivre son voyage avec deux compagnons anglais - John Pell et John Kinnear - et de se rendre en Syrie, à Jérusalem et en Terre Sainte. Parti le 7 février 1839, l'artiste écossais arriva au bord de la mer Rouge trois jours plus tard. Une fois dans les montagnes de la péninsule du Sinaï, le 16 février, Roberts décida de gravir le Gébel Gharib, une hauteur sur laquelle s'élève un temple égyptien, peut-être consacré à Hathor et encore bien conservé. Les murs de l'édifice lui apparurent tapissés d'inscriptions hiéroglyphiques, de cartouches royaux et de figures symboliques et, au milieu des ruines, une quinzaine de stèles étaient encore là, intactes.

Planche 58 - page 55
Le monastère Sainte-Catherine
La nuit du 18 février, Roberts arrive au couvent Sainte-Catherine où il va séjourner trois jours. N'ayant pratiquement pas changé depuis le siècle dernier, le monastère s'élève - d'après la tradition - à l'endroit même que la reine Hélène, mère de l'empereur romain Constantin le Grand, révéla être le lieu où le Buisson ardent était apparu à Moïse. En 530, l'empereur Justinien fit élever une basilique à la place de la chapelle d'origine, et pour protéger les moines des pillards qui infestaient le désert, il fit ceinturer l'ensemble d'une puissante muraille. Le couvent doit son nom à la sainte dont les restes sont encore conservés dans un sarcophage situé à côté de l'autel de la basilique, après que des anges les ont transportés d'Alexandrie à une cime voisine.

Planche 59 - page 56
Le monastère Sainte-Catherine et le mont Sinaï
Niché à 1560 mètres d'altitude, au coeur du Sinaï et au pied du mont homonyme, le monastère Sainte-Catherine est le plus petit diocèse chrétien du monde. Mais dans l'enceinte vit également une petite communauté musulmane qui s'entend parfaitement avec les moines orthodoxes ; il ne faut pas oublier que la montagne constitue un lieu sacré pour les deux religions. Après la conquête de l'Egypte par les Arabes, le monastère fut épargné grâce à la protection de Mahomet, consignée dans un document que l'on peut encore voir de nos jours.

Planche 60 - page 56
La basilique de la Transfiguration
Long de 40 mètres, l'intérieur de la basilique de la Transfiguration se compose de trois nefs séparées par douze colonnes de granit dont les chapiteaux sont tous différents. Le cul-de-four absidial de la nef centrale est revêtu d'une mosaïque du VI° siècle illustrant la Transfiguration du Christ. Comme le veut la tradition orthodoxe, l'autel est caché aux fidèles par l'iconostase, une sorte de cloison en bois richement décorée et historiée. La plupart des lampes accrochées au plafond sont ornées d'oeufs d'autruche, symbole de renaissance et de continuité.

Planche 61 - page 57
L'Île de Graia
Le soir du 24 février 1839, Roberts atteint le golfe d'Aqaba et s'installe deux jours plus tard devant l'île de Graia. Connue également comme l'île des Pharaons, d'aucuns pensent que c'était le port d'Ezion Geber que fit construire Salomon. Habitée dès la XX° dynastie (1188-1076 av.J.-C.), l'île a été occupée par les Nabatéens, les Romains, les Arabes et les Croisés qui y fondèrent une citadelle, aujourd'hui en ruine. Le peintre écossais allait arriver à Aqaba le 27 février, et de là, il allait poursuivre son voyage vers Pétra et la Terre Sainte. Mais comme on dit souvent, "ça, c'est une autre histoire!

LE NIL PRÈS D'OUADI DABOD

Pendant son voyage de retour au Caire, Roberts rencontra plusieurs fois de gros groupes de crocodiles accompagnés de quelques hérons qui "gagnaient leur vie" - et leur sécurité - en débarrassant les gros reptiles de leurs parasites. Il y a encore une centaine d'années, les crocodiles vivaient en colonies importantes sur les îlots et les bancs de sables au milieu du fleuve, exigeant de la population locale un lourd tribut en vies humaines. Ils ont commencé à être moins nombreux avec la construction du premier barrage d'Assouan, et de nos jours, ils ont pratiquement disparu en Egypte.

Toutes les lithographies et les illustrations de ce volume appartiennent à la Prints and Photographs Division, Library of Congress, New York, sauf les suivantes :
Bernard Shapero/Rare Books Private Collection : p. 5, à gauche, 16 à gauche, 22-26, 33;
Board of Trustees of Victoria and Albert Museum, Londres : p. 37
John Hay Library, Brown University : p. 5, à droite
National Portrait Gallery, Edimbourg : pag. 2